Edeltraud Weber-Lorkowski

Tücher & Schals individuell

50 Techniken zum Binden und Knoten

FALKEN

Inhalt

5 Gut geknotet
ist halb gewonnen ...

Chic zum Blazer

8 Halber Schulterfächer
9 Pussycat
9 Krone
10 Schulterfächer
12 Ladylike

Ideal fürs Büro

14 Einfacher Schalknoten
16 Turtle Neck
18 Lady Windsor
20 Geknoteter Ring
22 Verdrehte Krawatte
24 Kurze Krawatte

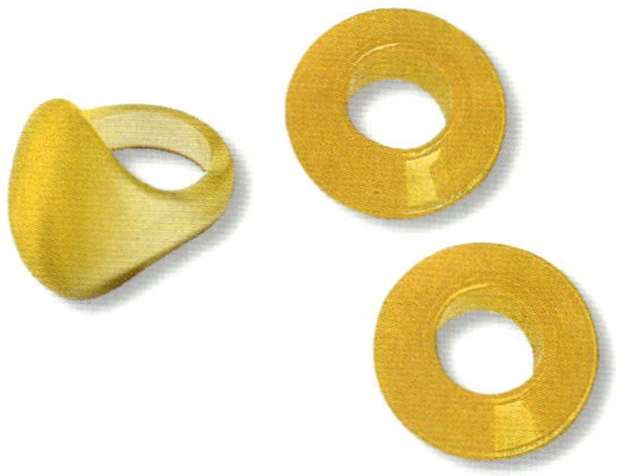

Elegant variiert

26 Kettenschlange
28 Collier
30 La Jupe
32 Kettenzopf

Nickis – klein, aber oho!

34 Western Style
36 Dreieck
38 Diagonale
40 Kesse Lola
42 Propeller

Halsfern und halsnah

44 Tuchkreuz
45 Doppelschlaufe
46 Schalfliege
48 Ringspiel

50 Kreuzpunkt
51 Einfache Schalschlaufe
52 Windrad
54 Kordeldreh
56 Mister
58 Kleine Schleife
59 Webschlaufe
60 Flirt

Wir zeigen Muster

62 Schulterzierde
63 Butterfly
64 Knotenspiel
66 Landhaus

Folklore und Romantik

68 Schalzopf
70 Plisseeballone
72 Hüftvariante

74 Tuchfliege
76 Spanish Rose
78 Häkelei
80 Plisseefliege
82 Zopfmix
84 Rückenzopf

Urlaub und Freizeit

86 Enges Top
88 Lockeres Top
90 Haarband
92 Cabrio
93 Gürtelschlaufe
94 Toga

95 Bezugsquellen

Gut geknotet ist halb gewonnen ...

Durch meine langjährige Tätigkeit als Farb- und Typberaterin habe ich sehr viel mit Stoffen und vor allem mit Tüchern und Schals zu tun. Gerade nach einer individuellen farbtypbezogenen Analyse stellen Kundinnen oft die Frage: »Muss ich wirklich meine komplette Garderobe austauschen oder gibt es eine Möglichkeit, nicht typgerechte Farben geschickt zu kaschieren?« Es gibt sie: Mit Tüchern und Schals, abwechslungsreich gebunden, lässt sich die vorhandene Garderobe ohne großen Aufwand auf das neue Farbbewusstsein einstellen.

Tücher und Schals sind schon seit Jahren als Accessoires aus der Mode nicht mehr wegzudenken. Sie wärmen im Winter und an kühlen Tagen, aber vor allem frischen sie das ganze Jahr über die Garderobe auf. Kleidungsstücke, die nicht mehr ganz dem Trend entsprechen, werden durch harmonisch abgestimmte Tücher und Schals aufgewertet, erhalten neuen Pfiff und machen unabhängiger von schnell wechselnden Modetrends.

Material

Es gibt sie in vielfältigen Dessins, unifarben oder bunt, kariert oder gestreift, mit grafischen Mustern oder gegenständlichen Motiven. Auch die Materialien sind unterschiedlich. Zum Binden geeignet sind Viskose, Polyester, Acetat, Popeline, Batist oder feine Baumwolle. Am besten binden lässt sich Seide. Aber Seide ist nicht gleich Seide. Man hat die Auswahl zwischen Crêpe de Chine, Crêpe Satin, Twill,

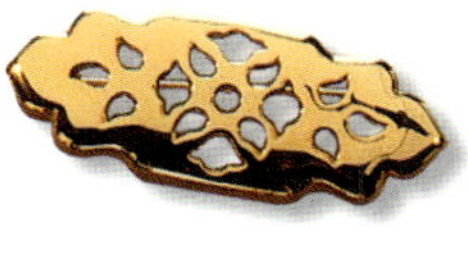

Seidenchiffon, Crêpe Georgette, Seiden-Jersey und Glattseide in Pongé 05, 06, 08 und stärker. Die Pongé-Zahl bezeichnet das Gewicht der Seide: Pongé 05 = 20 bis 22 g auf 1 m Stoff bei ca. 90 cm Stoffbreite.

Die genannten Materialien tragen nicht auf und lassen sich deshalb für die meisten Bindetechniken sehr gut verwenden. Aber nicht nur die Materialstärke ist entscheidend für die Bindequalität, auch die Griffigkeit und der Stofffall spielen eine Rolle. Seidenchiffon oder Crinkle Seide, ein beliebtes Material für Schals, lässt sich beispielsweise gut raffen, eignet sich aber wenig für eine Plisseefaltung, Glattseide kann man dagegen gut plissieren und zum Band einfalten.

Grundfaltungen

Beim Falten und Drapieren sollten Sie insbesondere Tücher immer akkurat legen. Ein quadratisches Tuch wird für viele Bindetechniken zunächst zum Dreieck gefaltet, danach von der dem Falz gegenüberliegenden Spitze zu einem Band von ca. 5 – 6 cm Breite eingerollt oder eingefaltet. Achten Sie auf die Materialangabe; fast immer sollten Sie feine Materialien verwenden, damit das eingerollte Band nicht zu üppig wirkt.

Nicht mit jeder Tuchgröße lässt sich jede Bindetechnik nachvollziehen. Sie finden daher ideale Tuch- und Schalgrößen zur jeweiligen Bindetechnik immer angegeben. Tuch- und Schalgrößen, Material und Bindevariation sollten in der Proportion zu Ihnen passen, zu Ihrer Körpergröße, Ihrer Figur und Ihrem Typ.

Antirutsch-Tipps

Das dürfte Ihnen bekannt sein: Sie haben eine tolle Bindetechnik gebunden und Minuten später ist die kunstvolle Drapierung verrutscht und die Wirkung passé. Da hilft nur eins:

Schal oder Tuch wo nötig so fixieren, dass nichts verrutschen kann. Unsichtbar befestigen kann man mit Sicherheitsnadeln von unten am Kleidungsstück. Sichtbare Zierde und Befestigungen zugleich sind schöne Broschen und Schalclips. Broschen sind jedoch oft dick und hinterlassen bei feinen Materialien kleine Löcher. Achten Sie deshalb unbedingt darauf, dass Sie nicht durch das Tuch stechen. Umstechen Sie stattdessen Tuch oder Schal und stechen Sie die Nadel nur durch das Kleidungsstück bzw. den Untergrund, auf dem Sie das Tuch befestigen wollen.

Accessoires

Neben der klassischen Brosche passen viele andere modische Accessoires zu Tüchern und Schals. Lange Halsketten, Ohr- und Schalclips sowie Tuchspangen und Schalringe gibt es in allen Formen und Farben und aus den verschiedensten Materialien: z. B. aus Metall, Kunststoff, Glas, Holz oder Stein. Wie Sie Accessoires geschickt einbinden, zeigt Ihnen dieses Buch. Und natürlich: jede Menge Bindetechniken für Tücher und Schals.

Beim Ausprobieren wünsche ich Ihnen viel Spaß und gutes Gelingen!

Edeltraud Weber-Lorkowski

Chic zum Blazer

Das ursprünglich englische Clubjackett, der Blazer, hat Anfang der 60er-Jahre als modische Sportjacke die Frauenherzen erobert. Seitdem ist er ein unverzichtbarer Kombipartner für den Freizeit- und legeren Businessbereich. Der schlichte Blazer lässt sich prima mit Tüchern und Schals aufpeppen.

Halber Schulterfächer

- **für alle festeren Materialien**
- **ideale Tuchgrößen: 90 x 90, 110 x 110 cm**
- **Accessoire: große Brosche**
- **gut geeignet als Blickfang über Blazer oder Mantel**

1

Tuch zum Dreieck legen, von der Breitseite wie eine Ziehharmonika bis zur Hälfte einfalten.

2

Plisseefalten nach oben über die Schulter drapieren und mit einer Brosche (mit sehr langer und feiner Nadel) vorsichtig am Kleidungsstück befestigen.

PUSSYCAT

- für alle feinen Materialien
- ideale Tuchgröße: 28 x 28 cm
- Accessoire: Brosche
- Blickfang am Revers

1 Tuch in der Mitte fassen und einen kleinen Knoten binden. Mit einer Brosche unterhalb des Knotens am Revers feststecken.

KRONE

- Tuchgröße und Materialien wie oben

1 Tuch zum Dreieck falten. Die äußeren Tuchspitzen von links nach rechts und von rechts nach links einschlagen.

2 Die so entstandene Spitze nach oben falten. Krone in die Brusttasche stecken oder mit einer Brosche am Revers befestigen.

Zum Blazer
Schulterfächer

- für alle Materialien
- ideale Tuchgrößen: 90 x 90, 110 x 110 cm
- Accessoire: Brosche
- gut geeignet als Blickfang auf einem schlichten Kleid, über Blazer, Jacken, Mäntel

1 Tuch zum Dreieck falten. Von der Breitseite plisseeartig zu einem 10 cm breiten Band einfalten.

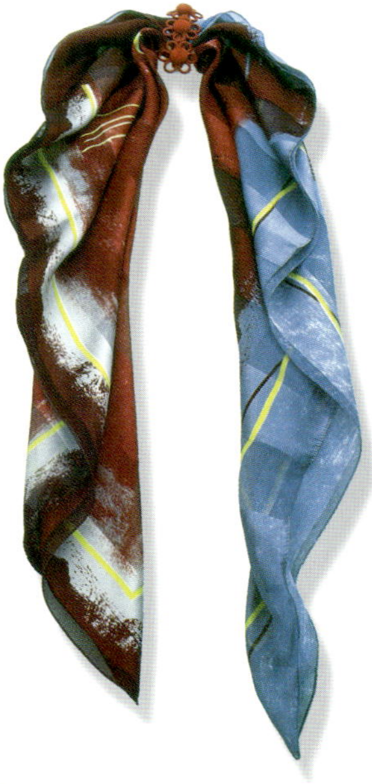

2 Plisseefalten mit der Spitze nach oben über die Schulter legen, mit einer großen Brosche befestigen. Gleich lange Tuchteile nach vorn und hinten über die Schulter fallen lassen.

Zum Blazer
Ladylike

- für alle sehr feinen Materialien
- ideale Schalgrößen: 45 x 170/180/190 cm
- für alle Blazer und Jacken mit Reverskragen, Rund- oder V-Ausschnitt

1

Den Schal der Länge nach raffen, von unten nach oben durch die Knopflöcher der Jacke fädeln.

2

Das lose Schalende um den Hals führen, auf der Knopfseite mit einem einfachen Knoten verwahren. Jacke offen lassen oder zuknöpfen.

Ideal fürs Büro

Der klassische Hosenanzug verkörpert den Business-Look par excellence. Bei den Herren der Schöpfung gilt »Anzug und Krawatte« sogar als internationale Konferenz-Kleidung. In den wilden 20er-Jahren zog die emanzipierte Frau nach und brachte den Mann um sein Schlipsprivileg. Heute gibt es raffinierte feminine Variationen für die Krawatte. Dezent ist Trumpf: Im Büro nicht unbedingt angesagt sind Schals oder Tücher in grellen Farben oder mit aufdringlichen Mustern.

1

Den Schal in der Breite zweimal einfalten. Um den Hals legen, dabei ein Schalende ca. 15 cm länger herunterhängen lassen. In das längere Ende unterhalb der Brust einen einfachen Knoten binden.

2

Das kürzere Schalende von oben durch den Knoten schieben, beide Enden gleich lang ziehen.

3

Die Kette umhängen und von oben durch den Knoten führen.

Einfacher Schalknoten

- **für alle feinen Materialien**
- **ideale Schalgrößen: 45 x 140/150 cm**
- **Accessoire: Kette (80 – 100 cm lang)**
- **gut geeignet für alle Ausschnittformen**

4

Die Kette nochmals vor dem Knoten hoch- und durch den Knoten ziehen.

Fürs Büro
Turtle Neck

- **für alle feinen Materialien**
- **ideale Tuchgrößen: 75 x 75, 90 x 90 cm**
- **gut geeignet für V-Ausschnitte, halsnahe Rundkragen, Blusen oder Polohemden**

Das quadratische Tuch zum Dreieck falten. Die Längsseite des Dreiecks (Spitze nach unten) zwischen Kinn und Unterlippe fest anlegen.
Die freien Zipfel um den Hals schlingen, im Nacken kreuzen und über dem Tuch nach vorn führen.

1

2

Die beiden Enden direkt am Hals verknoten. Das am Kinn anliegende Tuchstück über den Knoten nach unten umschlagen, sodass der Knoten verdeckt wird.

Die Tuchspitze in den Ausschnitt stecken und zurechtrücken.

3

Fürs Büro
Lady Windsor

- für alle feinen Materialien
- ideale Schalgrößen: 45 x 140/150 cm
- gut geeignet für V-Ausschnitte, über Blusen- und Rollkragen

1

Schal zum schmalen Band einfalten. Ein Ende vorn ca. 15 cm länger hängen lassen. Das längere Ende halsnah 1,5-mal um das kürzere Schalende schlingen ...

2

... und von unten nach oben am Hals vorbeiführen, ...

3

... nach vorn unten durch die Schal-schlaufe schieben.

4

Knoten festziehen.

Geknoteter Ring

- für alle Materialien
- ideale Tuchgröße: 90 x 90 cm
- für alle Rundausschnitte

1 Tuch zum Dreieck falten, von der Spitze zu einem ca. 5 cm breiten Band einrollen. Um den Hals legen, dabei ein Tuchende etwa 15 cm länger hängen lassen und in Halshöhe einen einfachen Knoten einbinden.

2 Den Knoten unter dem Kehlkopf anlegen, das Ende des geknoteten Teils in den Nacken führen.

3 Das zweite Ende von unten durch den Knoten schieben und ebenfalls in den Nacken führen.

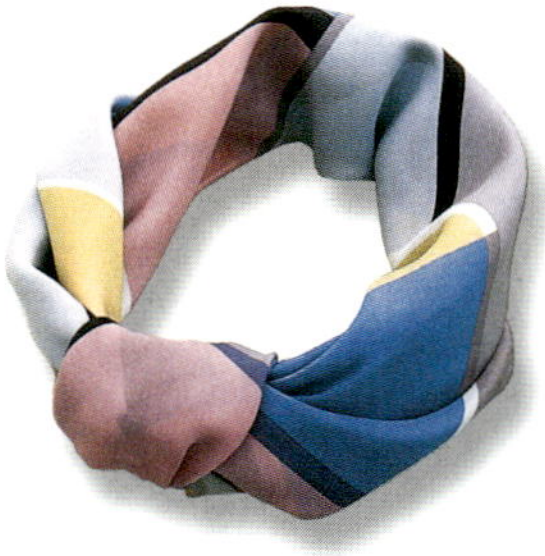

4 Die Enden doppelt verknoten und unter dem Tuch verstecken

Verdrehte Krawatte

- für alle Materialien
- ideale Schalgröße: 45 x 140 cm
- gut geeignet für V-Ausschnitte über Blusen- und Rollkragen

1

Schal zum Band einfalten, Schalenden kreuzen. Mit dem oben liegenden Schalende das andere Ende nach oben 1,5-mal umschlingen.

2

Unter dem Schal zur anderen Seite führen ...

3

… und von oben durch die Schlaufe schieben, leicht festziehen.

Fürs Büro
Kurze Krawatte

- für alle feinen Materialien
- ideale Schalgrößen: 45 x 160/170/180/190 cm
- gut geeignet für alle Ausschnitte

1 Schal zum Band einfalten, auf halbe Länge nehmen und um den Hals legen. Die Schalschlaufe soll etwa 10 cm kürzer sein als die beiden Schalenden.

Mit beiden Schalenden die Schalschlaufe 2,5-mal halsnah umschlingen, ...

2 + 3

4

... hinter dem Schal
hochführen, ...

5

... nach vorn überschlagen
und durch die Schlaufe
schieben; festziehen.

Elegant variiert

Schlichte, einfach geschnittene Blusen und Shirts können Sie mit eleganten Bindetechniken zum Leben erwecken. Zeigen Sie Kreativität, indem Sie lange Ketten, Schalringe und Broschen gekonnt einbinden.

1 Tuch zum Dreieck falten, von der Spitze zu einem ca. 5 cm breiten Band aufrollen. Ein Ende plisseeartig einfalten (ca. $^1/_3$ des Bandes).

2 Gefaltetes Tuchende und Kette in eine Hand nehmen, mit der anderen Hand das Tuch nach unten straffziehen.
Kette um das Tuch schwingen.

3 Um den Hals legen: Tuchenden nach vorn. Jetzt das linke Tuchende durch die rechte Kettenschlaufe führen und das rechte durch die linke Kettenschlaufe.

Ketten-schlange

- für alle feinen Materialien außer Chiffon und Polyester
- ideale Tuchgrößen: 75 x 75, 90 x 90, 110 x 110 cm
- Accessoire: Kette (ca. 80 – 100 cm lang)
- für alle Rundausschnitte

4 Die Tuchenden mit einem Knoten schließen.

Elegant Collier

- **für alle feinen Materialien**
- **ideale Schalgrößen: 45 x 160/170/180 cm**
- **Accessoires: 5 Schalringe**
- **für Rund- und V-Ausschnitte**

1 Den Schal der Länge nach raffen und einen Schalring bis zur Mitte einschieben. Die Schalenden jeweils entgegengesetzt durch vier weitere Schalringe ziehen.

2 Zwischen den Schalringen ca. 10 cm Abstand lassen.

3 Zum Schluss die Schalenden zusammen durch den ersten Ring fädeln und dekorativ zurechtzupfen.

Elegant
La Jupe

- für alle feinen Materialien
- ideale Tuchgrößen: 90 x 90, 110 x 110 cm
- Accessoire: Brosche oder Schalclip
- gut geeignet für alle halsnahen Rundausschnitte

1

Das quadratische Tuch von einer Seite wie eine Ziehharmonika einfalten, sodass ein 8 – 10 cm breites Band entsteht.

2

Das plissierte Tuch um den Hals legen und halsnah durch einen einfachen Umschlag binden.
Die Plisseefalten dekorativ legen; mit einer Brosche die Tuchenden aufeinander feststecken.

3

Soll das Tuch – wie auf unserem Foto – seitlich getragen werden, empfiehlt es sich, die Enden mit der Brosche am Kleidungsstück zu befestigen.

Elegant Kettenzopf

- **für alle Materialien**
- **ideale Tuchgröße: 90 x 90, 110 x 110 cm**
- **Accessoire: Perlenkette (ca. 80 cm lang)**
- **gut geeignet für alle Rundausschnitte oder als Blickfang über Blusenkragen**

1 Das Tuch zum Dreieck falten, von der Spitze her zu einem ca. 5 cm breiten Band einrollen. Die Tuchenden einfach verknoten, sodass eine Schlinge entsteht. Sie sollte so groß sein, dass man sie über den Kopf streifen kann. Die Kette (ca. 80 cm) einhängen und verschließen.

2

Zum Flechten die Tuchenden zusammennehmen.
Die Kette dient als zweiter und die halbe Tuchschlinge als dritter Strang.

3

Die drei Teile zum Zopf flechten, dabei darauf achten, dass die Perlenkette gut sichtbar eingebunden wird.

4

Die zusammengenommenen Tuchenden zum Abschluss wieder teilen, ein Ende durch die Kette ziehen, das andere Ende um den Zopf führen. Beide Enden miteinander verknoten und die Zipfel im Tuch verstecken.

5

Den fertigen Kettenzopf über den Kopf ziehen, sodass das geflochtene Teil vorn liegt.

Nickis

Klein, aber oho!

Nicki oder Carré nennen sich die Mini-Quadrate mit den Standardmaßen 55 x 55 Zentimeter. Ursprünglich das charakteristische Halstuch der Handwerker und Feldarbeiter, avancierten sie in den 50er-Jahren zum mal sportlichen, mal edlen Accessoire. Nickitücher erfreuen sich damals wie heute großer Beliebtheit.

1

Nickituch zum Dreieck falten, einen einfachen Knoten in ein Ende binden.

2

Mit dem Knoten vorn um den Hals legen und das andere Tuchende von oben durch den Knoten schieben. Die Dreieckspitze liegt schräg über der Schulter.

Western Style

- für alle Materialien
- ideale Tuchgrößen: 55 x 55, 61 x 61 cm (Nickitücher)
- gut geeignet für alle Ausschnitte, auch unter Blusenkragen

Nicki
Dreieck

- für alle Materialien
- ideale Tuchgrößen: 45 x 45, 55 x 55 cm
- unter Polohemden und Blusenkragen

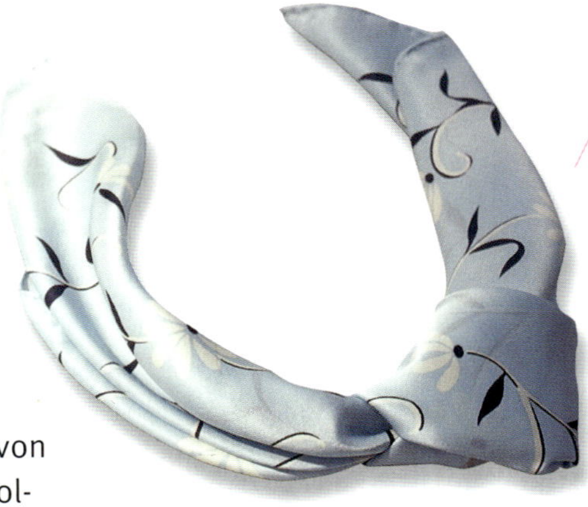

1

Tuch zum Dreieck falten, von der Spitze zum Band einrollen. In die Mitte des Bands einen lockeren Knoten binden. Zum Dreieck zurechtziehen.

2

Knoten vorn am Hals anlegen, die Tuchenden im Nacken verknoten.

Nicki
Diagonale

- für alle feinen Materialien
- ideale Tuchgrößen: 55 x 55, 61 x 61 cm
- für alle Ausschnitte

1

Das Tuch zum Rechteck halbieren, an den übergeschlagenen Ecken diagonal fassen.

2

Tuch aufnehmen, sodass zwei versetzte Dreiecke entstehen.

3

Die Tuchenden auf der Seite halsnah doppelt verknoten. Ein Dreieck zeigt jetzt nach vorn und eines nach hinten.

Nicki
Kesse Lola

- **für alle feinen Materialien**
- **ideale Tuchgrößen: 55 x 55, 61 x 61 cm**
- **für alle Ausschnitte**

1

Das Tuch zum Dreieck legen, von der Spitze her zu einem ca. 5 cm breiten Band rollen.

2

Ein Ende auf ca. 12 cm Länge doppelt nehmen. In das doppelte Tuchende einen Knoten binden. Es entsteht eine kleine Schlinge.

3

Das Tuch mit der Schlinge auf der Seite um den Hals legen, das andere Tuchende ein- oder zweimal durch die Schlinge festziehen, Zipfel kess abstehen lassen.

Nicki Propeller

- **für sehr feine Materialien**
- **ideale Tuchgrößen: 45 x 45, 55 x 55 cm**
- **unter Polohemden, Blusen- und Rollkragen**

1 Tuch zum Dreieck falten und von der Breitseite ca. 4–5 cm breit aufrollen. Etwa 10 cm vor der Tuchspitze stoppen ...

2 ... und in die Mitte des Bandes einen einfachen Knoten binden. Knoten festziehen ...

3 ... und die Dreiecksspitzen aufklappen. Tuchenden im Nacken verknoten.

Halsfern und halsnah

Ob locker oder etwas fester um den Hals geschlungen – Tücher und Schals sind dekorativ, ein Detail, das Ihr Outfit betont. Ein interessant gemustertes und gebundenes Tuch erzielt immer Aufmerksamkeit.

Tuchkreuz

- **für alle feinen Materialien**
- **ideale Tuchgrößen: 75 x 75, 90 x 90, 110 x 110 cm**
- **Accessoire: Brosche, großer Anhänger oder Schalring**
- **gut geeignet für alle Rund- und V-Ausschnitte, über Roll-, Steh- und Blusenkragen**

1

Tuch zum Dreieck falten, von der Spitze her zum Band rollen. Um den Hals legen, die Tuchenden sind vorn gleich lang. Schalring oder Brosche in ein Tuchende einfädeln und bis auf Brusthöhe hochschieben.

2

Das andere Tuchende entgegengesetzt durch Schalring oder Brosche führen.

Doppelschlaufe

- für alle feinen Materialien
- ideale Tuchgrößen: 75 x 75, 90 x 90 cm
- Accessoire: Brosche, Schalring oder Schalclip
- gut geeignet für alle Rund- und V-Ausschnitte oder auch unter Blusenkragen

1

Das Tuch zum Dreieck falten, von der Spitze her zu einem ca. 5 cm breiten Band einrollen. Um den Hals legen, die Tuchenden sollten vorn gleich lang sein. Beide Tuchenden durch Brosche oder Schalring ziehen.

2

Brosche oder Schalring auf gewünschte Höhe schieben, die Tuchenden in den Nacken führen und dort verknoten. Den Knoten unter dem Tuch verstecken.

Halsfern
Schalfliege

- **für alle feinen Materialien**
- **ideale Schalgrößen: 45 x 160/170/180/190 cm**
- **für alle Ausschnittformen**

1 Schal einfalten. Locker um den Hals schlingen, die Schalenden sollten vorn gleich lang sein. Die Schlinge liegt halsfern. Die losen Schalenden unter der Schlinge kreuzen.

2 Ein Schalende über die Schlinge schlagen, sodass ein einfacher Knoten entsteht.

3 Die Schalenden nochmals verknoten, dekorativ auseinander ziehen.

Halsfern
Ringspiel

- für alle feinen Materialien
- ideale Schalgrößen: 45 x 140/150/160/170 cm
- Accessoires: 7 Schalringe
- für alle Ausschnittformen

1 Den Schal der Länge nach zum schmalen Band raffen. 1 Schalring bis zur Mitte durchschieben.

2 Um den Hals schlingen, die Schalenden sind vorn etwa gleich lang. In jedes Ende 3 Ringe einfädeln und mit einem einfachen Knoten verwahren.

3 Die Schalenden von oben einmal um den Schal schlingen.

Halsnah
Kreuzpunkt

- **für alle Materialien**
- **ideale Tuchgröße: 90 x 90 cm**
- **Accessoire: Brosche, Ohrclip oder Schalclip**
- **gut geeignet für alle Rund- und V-Ausschnitte oder auch in Blusen**

Das Tuch zum Dreieck falten, von der Spitze her zu einem ca. 5 cm breiten Band einrollen. Um den Hals legen; die (gleich langen) Tuchenden vorn queren.

1

2

Die Tuchenden überkreuzen und zum Nacken führen. Wichtig:
Wo die Enden gekreuzt sind, sollten sie nicht in sich verdreht sein, sondern flach übereinander liegen.

4

Das Tuch vorn zurechtzupfen und den »Kreuzpunkt« mit Brosche, Schal- oder Ohrclip fixieren.

Tuchenden im Nacken mit einem kleinen Doppelknoten binden, den Knoten unter das Tuch schieben.

3

Einfache Schalschlaufe

- für alle Materialien, auch für feine Wollschals
- ideale Schalgrößen: 45 x 140/150/160/170/180 cm
- gut geeignet für alle Ausschnittformen

1 Den Schal in der Breite zweimal einfalten und auf halbe Länge nehmen.
Um den Hals legen, die Schalschlaufe sollte oberhalb der Brust sitzen.

2 Beide Schalenden durch die Schlaufe ziehen – fertig.

Halsnah
Windrad

- für alle feinen Materialien
- ideale Tuchgrößen:
  75 x 75, 90 x 90 cm
- gut geeignet für V-Ausschnitte und als Blickfang im Blusenkragen

1 Das quadratische Tuch in der Mitte fassen und einen kleinen Knoten binden.

2 Das Tuch wenden und zum Dreieck falten, sodass der Knoten im Dreieck verschwindet. Mit der Spitze nach vorn um den Hals legen. Je nach Tuchgröße die Enden im Nacken verknoten oder kreuzen. Die gekreuzten Enden wieder nach vorn führen und zwischen den Dreiecken doppelt verknoten.

Das Tuch in den Ausschnitt stecken und dekorativ arrangieren.

3

Halsnah
Kordeldreh

- für alle feinen Materialien
- ideale Schalgrößen: 45 x 170/180/190 cm
- für alle Ausschnittformen

1 In jedes Schalende einen Knoten binden. Den Schal an beiden Enden fassen, Enden in entgegengesetzte Richtungen zwirbeln. Beide Schalenden in eine Hand nehmen, der Schal dreht sich zur Kordel.

2

Die Kordel um den Hals legen, sodass die Kordelschlaufe etwa auf Höhe des Brustbeins liegt. Jetzt die geknoteten Enden versetzt durch die Schlaufe führen: Ein Ende von unten nach oben ...

3

... und das zweite von oben nach unten durchziehen. Kordelenden entweder vorn tragen oder auf die Schulter schieben.

Halsnah
Mister

- für alle feinen Materialien
- ideale Tuchgrößen: 75 x 75, 90 x 90 cm
- Accessoire: Ring
- gut geeignet für V-Ausschnitte und als Blickfang im Blusenkragen

1

Das quadratische Tuch zum Dreieck falten, sodass die Faltkante nach oben zeigt. Von der gegenüberliegenden Spitze das Tuch zu einem ca. 5 cm breiten Band einrollen. Das Band um den Hals legen, die Enden sollten vorn gleich lang sein. Jetzt beide Enden durch einen Ring ziehen. Den Ring bis zum Hals hochschieben.

2

Ein Tuchende vor dem Ring hochziehen und durch die Halsschlinge locker nach hinten umschlagen.

3

Das übergeschlagene Tuchende nach unten ziehen, bis der Ring am Hals unter dem Tuch verschwindet.

4

Die Tuchenden in den Ausschnitt stecken. Zusätzlich fixieren durch eine Brosche oder auch, indem »frau« die Tuchenden im BH festklemmt.

Halsnah
Kleine Schleife

- für alle feinen Materialien
- ideale Tuchgrößen: 75 x 75, 90 x 90 cm
- gut geeignet für Rund- und V-Ausschnitte

1

Tuch zum Dreieck falten, mit der Spitze nach vorn halsnah anlegen. Tuchenden um den Hals schlingen, im Nacken kreuzen, über dem Tuch nach vorn führen ...

2

... und direkt am Hals verknoten und eine kleine Schleife binden.

Webschlaufe

- für alle Materialien, auch für feine Wollschals
- ideale Schalgrößen: 45 x 150/160/170/180 cm
- für alle Ausschnittformen

1 Den Schal zweimal einfalten und auf halbe Länge nehmen. Um den Hals legen, die Schalschlaufe sollte oberhalb der Brust sitzen. Ein Schalende von oben nach unten ...

2 ... und das zweite von unten nach oben durch die Schlaufe ziehen.

Halsnah
Flirt

- **für alle feinen Materialien**
- **ideale Schalgrößen: 45 x 140/160/170/180 cm**
- **gut geeignet für alle halsfernen Rundausschnitte**

1 In beide Schalenden einen Knoten binden. Den Schal an den Enden fassen, die Arme weit auseinander strecken. Die geknoteten Enden in entgegengesetzte Richtungen zu einer einfachen Kordel drehen.

Den Schal je nach Länge ein- oder zweimal locker um den Hals wickeln, die geknoteten Schalenden zum Fixieren um die einfache Kordel schlingen.

2

...

3

Den Schal so drehen, dass die geknoteten Enden kess auf einer Seite sitzen.

Wir zeigen Muster

Die immense Vielfalt der Designs – bunt, kariert oder gestreift, mit grafischen Mustern, gegenständlichen Motiven usw. – sollten Sie auch zeigen. Mit den Bindetechniken in diesem Kapitel haben Sie Gelegenheit, die Schönheit Ihrer Tücher voll zur Geltung zu bringen.

Schulterzierde

- **für alle Materialien**
- **ideale Tuchgrößen: 90 x 90, 110 x 110 cm**
- **Accessoire: Brosche oder Schalclip**
- **gut geeignet für alle Ausschnitte, auch über Blusenkragen**

1

Tuch zum Dreieck falten. Ein Ende auf ca. 12 cm Länge raffen, doppelt nehmen und einen Knoten einbinden, sodass eine kleine Schlinge entsteht.

2

Tuch über eine Schulter legen. Das freie Ende über der anderen Schulter durch die kleine Schlinge schieben. Mit einer Brosche oder einem Schalclip befestigen.

Butterfly

- für alle Materialien
- ideale Tuchgröße: 90 x 90 cm
- gut geeignet für Rundausschnitte, über Steh- oder Rollkragen

1

Das Tuch zum Rechteck falten. An diagonal gegenüberliegenden Ecken fassen, sodass zwei versetzte Dreiecke entstehen.

2

Die Tuchenden vorn halsfern doppelt verknoten. Dabei darauf achten, dass die Knoten senkrecht gezogen werden und die Zipfel übereinander liegen.

Muster Knotenspiel

- **für alle Materialien**
- **ideale Tuchgrößen: 90 x 90, 110 x 110 cm**
- **Accessoire: Brosche**
- **für Rundausschnitte, über Roll-, Steh- und Blusenkragen**

1

Das zum Dreieck gefaltete Tuch um die Schulter legen. Ein Tuchende hängt ca. 10 cm länger herunter als das andere. In das längere Ende 2 Knoten binden.

2

Das geknotete Ende in Höhe des Schlüsselbeins mit einer Brosche umstechen und befestigen. Das kürzere Ende von oben durch einen oder beide Knoten schieben.

Muster Landhaus

- für alle Materialien
- ideale Tuchgrößen: 90 x 90, 110 x 110 cm
- Accessoire: Schalclip
- gut geeignet für Rundausschnitte

1 Tuch zum Dreieck falten, umlegen. Tuchteile vorn am Falz auf halber Höhe fassen, 10 cm durch den Ring des Schalclips ziehen ...

2

... und auseinander klappen, Clip schließen. Tuchzipfel dekorativ drapieren.

Folklore und Romantik

Der Schalzopf zählt gewiss zu den beliebtesten Varianten für folkloristische Binde-Ideen. Die Anleitungen auf den Folgeseiten zeigen Ihnen noch viele andere Möglichkeiten, wie Sie beim Tücherbinden Ihren romantisch-verspielten Neigungen folgen können.

1 Schal zum schmalen Band zusammenlegen. Schalenden einfach verknoten, sodass eine Schlinge entsteht, die gut über den Kopf gestreift werden kann.

2 Zum Flechten werden drei Teile benötigt: die beiden Schalenden und die halbe Schalschlinge als dritter Strang.

Schalzopf

- für alle Materialien
- ideale Schalgrößen: 45 x 160/170 cm
- gut geeignet für alle Rundausschnitte, über Steh-, Roll- und Blusenkragen

3 Die drei Teile gleichmäßig zu einem Zopf flechten.

4 Die losen Schalenden als Abschluss miteinander verknoten und dekorativ auseinander ziehen.

Folklore
Pliseeballone

- für alle feinen Materialien
- ideale Tuchgrößen: 75 x 75, 90 x 90 cm
- gut geeignet für alle Rundausschnitte

1

Tuch zum Dreieck legen, von der Längsseite her plisseeartig einfalten.

2

In die Mitte einen lockeren Knoten binden.

Rechts und links davon 1–3 weitere Knoten binden (je nach Tuchgröße).

3

4

Die Knoten leicht auseinander ziehen, sodass das Plissee zur Geltung kommt. Halsnah umlegen, Enden im Nacken verknoten.

Folklore
Hüftvariante

- **für alle feinen Materialien**
- **ideale Tuchgrößen:**
  2 Tücher: 110 x 110 und 90 x 90 cm
- **Accessoire: Schalclip oder Brosche**
- **Blickfang über Röcken**

1

Das größere Tuch zum Dreieck falten, um die Hüfte schlingen. Doppelt verknoten, sodass eine Tuchspitze länger herunterhängt.

2

Das kleinere Tuch zum Dreieck falten und zu einem ca. 5 cm breiten Band rollen. Band durch den Knoten führen.

3

Die drei etwa gleich langen Enden zum Zopf flechten und verknoten.

Den Zopf zur Hüfte nehmen und dort mit einem Schalclip oder einer Brosche befestigen.

4

Romantik
Tuchfliege

- **für alle Materialien**
- **ideale Tuchgrößen: 75 x 75, 90 x 90 cm**
- **gut geeignet für alle Rundausschnitte**

1

Das Tuch zum Dreieck falten, von der Spitze her zu einem ca. 5 cm breiten Band einrollen. In die Mitte einen einfachen, lockeren Knoten binden. Wichtig: den Knoten flach zurechtzupfen.

2

Das Tuch so um den Hals legen, dass der Knoten vorn halsnah sitzt. Die Tuchenden im Nacken kreuzen, wieder nach vorn führen. Von rechts nach links …

3

… und von links nach rechts durch den Knoten schieben.

4

Nach Bedarf den Knoten straffen und die Tuchenden dekorativ auseinander ziehen.

Romantik
Spanish Rose

- für alle feinen Materialien
- ideale Tuchgrößen: 90 x 90, 110 x 110 cm
- für alle Rundausschnitte, Steh-, Roll- und Blusenkragen

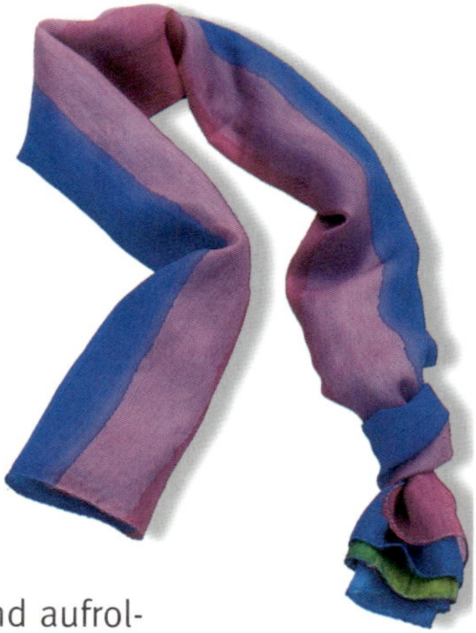

1

Tuch zum Rechteck legen und zu einem ca. 8 cm breiten Band aufrollen. In ein Ende einen Knoten binden. Das Tuchende Lage für Lage umschlagen und so zur Rose formen.

2

Um den Hals legen und das zweite Tuchende direkt über der Rose doppelt verknoten. Das Ende sehr kurz halten, sodass es wie eine Knospe wirkt.

Rose und Knospe dekorativ zurechtzupfen.

3

Romantik Häkelei

- für alle feinen Materialien
- ideale Tuchgrößen:
  45 x 170/180/190 cm oder
  90 x 190/200 cm
- für Rund- und V-Ausschnitte

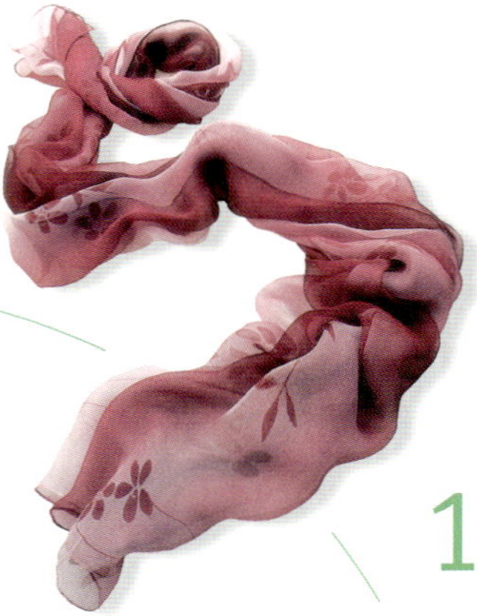

1

Schal raffen. In ein Schalende ein Auge legen.

2

Von oben durch das Auge greifen und das lange Schalteil zu einer kleinen Schlinge durchziehen – wie eine Luftmasche.

3

Je nach Schallänge 3- bis 5-mal wiederholen. Als Abschluss das Schalende ganz durchziehen. Um den Hals legen und das zweite Schalende durch die erste Luftmasche schieben.

Romantik
Plisseefliege

- für alle feinen Materialien
- ideale Tuchgrößen: 90 x 90, 110 x 110 cm
- für alle Rundausschnitte, Steh- und Rollkragen

1 Das Tuch wie eine Ziehharmonika einfalten, sodass ein 8 – 10 cm breites Band entsteht.

2 Plissiertes Tuch um den Hals legen, ein Ende vorn ca. 10 cm länger hängen lassen. In das längere Ende einen Knoten binden.

3 Das zweite Ende von unten durch den Knoten schieben. Die plissierten Enden zurechtzupfen.

Romantik

Zopfmix

- **für alle feinen Materialien; wichtig: Beide Tücher sollten aus dem gleichen Material sein und farblich harmonieren; z. B. ein unifarbenes und ein buntes Tuch**
- **ideale Tuchgrößen: 75 x 75 und 90 x 90 cm, 90 x 90 und 110 x 110 cm**
- **Accessoire: Brosche oder Schalclip**
- **gut geeignet für alle Rundausschnitte**

1

Das größere Tuch zum Dreieck falten und über die Schultern legen. Ein Tuchende hängt 30–35 cm länger herunter als das andere. Mit dem kürzeren Ende auf Höhe des Schlüsselbeins einen doppelten Knoten um das längere binden.

2

Jetzt das kleinere Tuch zum Dreieck falten und von der Spitze her zu einem 3–5 cm breiten Band einrollen. Das Band durch den Knoten ziehen, sodass drei etwa gleich lange Teile entstehen.

Aus den drei Tuchenden einen Zopf flechten, die drei Stränge als Abschluss miteinander verknoten.

3

4

Den Zopf wie auf unserem Foto über das Tuch zur anderen Seite legen und in Höhe des Schlüsselbeins mit Brosche oder Schalclip befestigen. Die drei Tuchzipfel darunter verstecken.

Romantik Rückenzopf

- **für alle feinen Materialien; wichtig: Beide Tücher sollten aus dem gleichen Material sein und farblich harmonieren, z. B. ein unifarbenes und ein buntes Tuch**
- **ideale Tuchgrößen: 75 x 75 und 90 x 90 cm oder 90 x 90 und 110 x 110 cm**
- **gut geeignet für halsferne Rund- und V-Ausschnitte und tiefe Rückendekolletés**

1 Das größere Tuch zum Dreieck falten und mit der Spitze nach hinten um die Schultern legen, die Tuchenden vorn gleich lang herunterhängen lassen. Jetzt das kleinere Tuch zum Dreieck falten und zu einem ca. 5 cm breiten Band einrollen.

2

Die beiden Enden des größeren Tuchs in eine Hand nehmen, das kleinere Tuch darunter durchführen, sodass die losen Enden rechts und links auf gleicher Länge wie die in eins gefassten Enden des größeren Tuchs nach unten hängen.

3

Aus den drei Strängen einen Zopf flechten, als Abschluss die Enden miteinander verknoten. Den Zopf auf den Rücken drehen.

Urlaub und Freizeit

Elegante und raffinierte Ideen für Sommer, Sonne, Freizeit dürfen natürlich nicht fehlen. Besonders chic sehen die knappen Oberteile zu Shorts oder Capri-Hosen aus. Ein dekoratives Tuch, das sich zum Top binden lässt, gehört also zur Standardausrüstung für jeden Strandurlaub.

1 Tuch zum Dreieck falten. Die Spitze zweiteilen und die Zipfel miteinander verknoten.

2 Über den Kopf streifen, sodass der Knoten im Nacken sitzt. Die freien Tuchenden um die Taille führen und im Rücken doppelt verknoten.

*E*nges *T*op

- für alle feinen Materialien
- ideale Tuchgrößen:
  90 x 90, 110 x 110 cm

Lockeres Top

- **für alle feinen Materialien**
- **ideale Tuchgrößen:
  90 x 90, 110 x 110 cm**

1

Das Tuch in der Mitte fassen und einen kleinen Knoten binden.

2

Das Tuch wenden, sodass der Knoten zum Körper zeigt. Zwei benachbarte Tuchecken im Nacken doppelt verknoten. Die losen Enden je zur Kordel drehen, um die Taille führen und im Rücken doppelt verknoten.

Haarband

- für alle feinen Materialien
- ideale Tuchgrößen: 2 Tücher jeweils 65 x 65, 75 x 75 oder 90 x 90 cm

1

Beide Tücher zum Dreieck falten und zum Band einrollen. Tücher auf halbe Länge nehmen und über Kreuz legen.

2

Die ineinander geschlungenen Tücher über der Stirn anlegen und im Nacken verknoten.

Cabrio

- für alle feinen Materialien
- ideale Tuchgrößen:
  90 x 90, 110 x 110 cm

1 Tuch zum Dreieck falten, Breitseite nach vorn über den Kopf legen.
Die Tuchenden unterm Kinn kreuzen, nach hinten führen und über der Tuchspitze im Nacken doppelt verknoten.

Gürtelschlaufe

- **für alle feinen Materialien**
- **ideale Tuchgrößen:**
  90 x 90, 110 x 110 cm
- **Blickfang in der Taille**

1

Tuch zum Dreieck falten und von der Breitseite ca. 5 cm breit aufrollen. Etwa 15 – 18 cm vor der Tuchspitze stoppen und in die Mitte des Bandes einen einfachen Knoten binden. Knoten festziehen und die Dreieckspitzen aufklappen. Tuchenden um die Taille führen und hinten doppelt verknoten.

Toga

- für alle Materialien
- ideale Tuchgrößen:
  Pareo oder Schal
  90 x 180/190/200 cm,
  110 x 180/190/200 cm

1

Pareo oberhalb der Brust anlegen. Ein Tuchende um den Rücken führen, unter der rechten Achsel nach vorn straff ziehen. Das zweite Ende unter der rechten Achsel nach hinten hoch halten.

2

Beide Enden auf der rechten Schulter doppelt verknoten.

Bezugsquellen

Monica Baasner
Seidentücher und -schals
Mitterfeldstraße 13
82216 Germerswang

Shahida B. Banach
Seiden-Unikate
Jettenhartstraße 44
72622 Nürtingen

Seidenmalerei
Ilsemarie Steyer KG
Postfach 11 62
21741 Hemmoor

Ingrid Rees
Aquarell-, Öl- und
Seidenmalerei
Freiligrathstraße 9
73033 Göppingen

Seidenfädchen
Seidenprodukte, Accessoires
Hollenbergstraße 9–11
47137 Duisburg

Walbert Wander
Modeschmuck, Metallwaren
Erlenweg 15
87656 Germaringen

BCN Beauty, Colours & Nails
Studio und Schulungscenter
für Farb-, Typberatung
und Nagelmodellage
Edeltraud Weber-Lorkowski
Gartenstraße 45
73033 Göppingen

Zum Themenbereich »Mode und Kleidung« sind im FALKEN Verlag erschienen:
»Krawatten und Fliegen gekonnt binden« (7473)
»Krawatten und Fliegen perfekt binden« (1519)

Sie finden uns im Internet: **www.falken.de**

Dieses Buch wurde auf chlorfrei gebleichtem und säurefreiem Papier gedruckt.

Der Text dieses Buches entspricht den Regeln der neuen deutschen Rechtschreibung.

ISBN 3 8068 7732 7

Umschlaggestaltung: Heinz Kraxenberger, München
Fotos: FALKEN Archiv: Susa Kleeberg und Friedemann Rink (1, 2–9, 14–19, 24/25, 30–33, 44/45, 50–53, 56/58, 60–63, 68–71, 74/75, 82–85, 92–94, 96);
Dietmar Scholz (10–13, 20–23, 26–29, 34–43, 46–49, 54/55, 59, 64–67, 72/73, 76–81, 86–91)
Layout: krieger design·art, Wiesbaden
Redaktion: Winfried Schindler
Herstellung: Petra Becker

Die Ratschläge in diesem Buch sind von der Autorin und vom Verlag sorgfältig erwogen und geprüft, dennoch kann eine Garantie nicht übernommen werden. Eine Haftung der Autorin bzw. des Verlags und seiner Beauftragten für Personen-, Sach- und Vermögensschäden ist ausgeschlossen.

Satz/Litho: krieger design·art, Wiesbaden
Druck: aprinta Druck GmbH & Co. KG, Wemding

817 2635 4453 6271